سلسلة أوراق فكرية 2

هوية مصر الإسلامية

بحث عن الذات.. ..أم خوف من الآخر؟

ممدوح الشيخ

الكتاب: هوية مصر الإسلامية: بحث عن الذات.. ..أم خوف من الآخر؟

المؤلف: ممدوح الشيخ

من القضايا التي طرحت نفسها مبكراً على الإسلاميين في مصر في حقبة ما بعد مبارك مغزى الهوية الإسلامية لمصر، وما يعكسه خطاب التيار الرئيس منهم الانطلاق من قناعة تامة بأن الأسئلة الرئيسة لمرحلة **"ما بعد نظام مبارك"** مجاب عنها بوضوح، وأن إعادة البناء لا تقتضي سوى التحرك للأمام لإعادة صياغة مصر، وفقاً لمشروع يؤكد هوية مصر **"الإسلامية"**.

لكن الحقيقة التي تبعث على غير قليل من القلق أن اختلاطاً كبيراً يسم الخطاب الإسلامي حول "الهوية".

حول المفهوم

ومصطلح "**الهوية**" يستخدم في سياقات مختلفة بمعانٍ متفاوتة – وأحياناً متناقضة – فهي ليست مفهوما دينياً، ولا تصبح كذلك بمجرد إضافة وصف "**الإسلامية**" لها.

ولا تقدم المعاجم معنى شاملاً للهوية، فهي حسب "**المعجم الوجيز**": الذات، وفي "**المعجم الوسيط**": "**حقيقة الشيء أو الشخص التي تميزه عن غيره**". والفلاسفة ساعدوا أكثر من اللغويين

في تفسير الهوية، فهي منسوبة إلى **"هو"**، وتقابل **"الآخر"**.

وتتداخل الهوية مع مصطلحات عديدة كالخصوصية، وبخاصة عند الحديث عن قيم ومبادئ عامة وإنسانية كالنقاشات الحقوقية الدولية. والاعتراض بسبب مفهوم الخصوصية يستدعى مباشرة وجود هوية مختلفة، ما يتطلب سلوكاً مختلفا أو حتى مقاومة لما يمكن أن يهدد الهوية.

وبسبب صعوبة تحديد المعنى اعتبر المفهوم أقرب إلى المصطلح الأيديولوجي ما أخرجه من دائرة المفاهيم العلمية، فالهوية يمكن التعبير عنها أو تجسيدها عبر الدين أو اللغة أو الدولة الوطنية أو القومية.

وجميعها خصائص متغيرة حسب طريقة استخدامها وتوظيفها، وكل مجتمعه يمكن أن يبدل "هويته" حسب المراحل المختلفة تاريخياً ووفقاً للظروف الحاكمة. وهي بحسب آثارها في التاريخ الحديث والمعاصر سبب نزاعات كثيرة في العالم. وقد يفسر هذا دور الهوية في صراع الهوتو والتوتسي في رواندا؟ وقد يفسر أيضا كيف تصالح الفرنسيون والألمان بعد الحرب العالمية الثانية؟

وأهم سمات الهوية وجود انتماء رئيس وحيد يستمر دائما أقوى من غيره، وهو قد يكون الوطن أو الدين أو الطبقة، ولقيام المفهوم على انحيازات جماعية لا على اختيارات واعية فإنه ما من انتماء له الغلبة المطلقة، وحين يشعر البعض بأن عقيدتهم الإيمانية، مثلاً، مهددة يرتفع الانتماء الديني مختصراً لهويتهم، بينما لو تهددت اللغة الأم أو

الجماعة الإثنية فقد يواجهون أبناء دينهم، فالأتراك والأكراد مسلمون لكنهم مختلفون في اللغة والهوتو والتوتسي من الكاثوليك، ويتكلمون اللغة نفسها، والتشيكيون والسلوفاك مسيحيون كاثوليك، ومع هذا انفصلا....وهكذا

والهوية ــ حسب دوني كـوش فـي كتابـه **"مفهوم الثقافة في العلوم الاجتماعية"** تنتج عن بناء اجتماعي وتكتسب طابع التعقيد الاجتماعي.

وإذا أردنا اختزال الهوية إلى تعريف بسيط **"صافٍ"** فهذا يعني أننا لا نأبه بتنوع المجموعـة الاجتماعية. فليس هناك جماعة أو فرد لا يسبق لـه أن يكون حبيس هوية ذات بعد واحد.

والهوية، إذن، تتميز بطابعها المتقلب الـذي يمكن أن يخضع لتأويلات واستخدامات مختلفة. إذا

شئنا اعتبار الهوية كتلة واحدة، فإن هذا يمنع فهم ظواهر الهوية المختلطة الشائعة في المجتمعات كلها.

هذا التصور الإقصائي الواضح سببه العجز عن التفكير بالاختلاط الثقافي.ويمكن تفسيره أيضاً بالخوف الوسواسي من الولاء المزدوج الذي تحركه الإيديولوجية الوطنية (القومية).

والفرد يصنع هويته الوحيدةانطلاقاً من انتماءاته الاجتماعية (الجنس، العمر، الطبقة الاجتماعية.. ..) عبر عملية تركيب، وهو يدمج في ذاته، بشكل تركيبي، تعددية المرجعيات الخاصة بالهوية المرتبطة بتاريخ هذا الفرد.

والهوية الثقافية تحيل إلى مجموعات ثقافية مرجعية متباينة الحدود، والفرد يعي أنه يحمل

هويةذات هندسة متغيرة تبعاً لأبعاد المجموعة التي يرجع إليها في حالة أو أخرى.

وحتى لو كانت الهوية متعددة الأبعاد فإنها لا تفقد وحدتها، وتعدديتها لا تسبب أية مشكلة. والمشكلة بالنسبة للبعض هي "**الهوية المزدوجة**"، التي يقع قطبا مرجعيتها على المستوى نفسه. ومع هذا يمكن دمج عدة مرجعيات خاصة بالهوية في هوية واحدة لا يمنعها من التفاعل إلا وجود سلطة مهيمنة تمنعها باسم الهوية الخاصة.

وصعوبة حصر الهوية وتحديدها مرده إلى طابعها الديناميكي المتعدد الأبعاد، وهو ما يضفي المرونة عليها كما أنّ الهوية تشهد تنوعات وتخضع لإعادة صياغات وتداولات، ولذا يلجأ

بعض المؤلفين إلى استخدام مفهوم "**استراتيجية الهوية**" ليشيروا إلى البعد المتغير للهوية الذي لا يعد أبداً حلاً نهائياً. وهي بهذا المعنى وسيلة لبلوغ هدف معين، وهي بالتالي، ليست مطلقة بل نسبية. لكن الخطاب الإسلامي يستخدم مفهوم الهوية كما لو كان مفهوما ثابتا مغلقا يستمد قداسته من وصف "الإسلامية".

الهوية بين الفرد والجماعة

أول النتائج السلبية للتركيز المبالغ فيه على مفهوم الهوية جنايته على التوازن الذي أقامه الإسلام بين **"الفرد"** و**"الجماعة"**.

فـالفرد هـو فـي هـذه الحالـة **"ممثـل اجتمـاعي"**، والهويـة تشكل رهانـاً لصـراعات **"التصنيف"** الاجتماعيـة الهادفـة إلى إعادة إنتاج علاقات السيطرة. فإذا كانت الهوية، عبر مرونتها، قابلة للتجيير (أي أن تستخدم كوسيلة) فإنها بالتالي

13

"أداة" بل "**علبة أدوات**"، فليس بإمكان الجماعات والأفراد أن يفعلوا ما يحلو لهم فيما يتعلق بالهوية، لأنهادائماً ناتج تحديد شخصية معينة يفرضها الآخرون على المرء.

وأحياناً، يؤدي اعتماد الهوية مقوماً وحيداً للرؤية، إلى طمس هوية فرد، هرباً من الإقصاء أو حتى الإبادة. وهناك حالة تاريخية فريدة تمثل هذه الاستراتيجية هي حالة يهود المارانو (اليهود المتخفون حسب "**موسوعة اليهود واليهودية والصهيونية**" للدكتور عبد الوهاب المسيري). وهم يهود شبه جزيرة أيبيرياالذين تحولوا ظاهرياً إلى الكاثوليكية في القرن الخامس عشر للتخلص من الاضطهاد والإبعاد، لكنهم ظلوا أوفياء لعقيدة أجدادهم وحافظوا على عدد من الطقوس التقليدية

بشكل سري. وبذلك استطاعت الهوية اليهودية الانتقال بشكل سري إلى كل عائلة عبر القرون من جيل إلى جيل حتى تمكنت من الترسخ من جديد بشكل علني.

وسواء أكانت الهوية شعاراً أم سمة، فيمكن تجييرها في العلاقات القائمة بين الجماعات الاجتماعية. والتركيز على الطابع الاستراتيجي الأساسي للهوية يسمح بتجاوز القضية المتعلقة بالصدق العلمي لتأكيدات الهوية، وصولاً إلى بناء الهوية على خرافة!

كما أن الطابع الاستراتيجي للهوية الذي لا يقتضي بالضرورة، وعياً كاملاً بالغايات التي يسعى الأفراد إليها يجعل الهوية أقرب إلى الغموض منها إلى الوضوح، ويسمح بتوضيح

15

ظـــواهر اختفـــاء الهويـــات وظهورهـــا. ومفهـــوم الاستراتيجية يمكن أن يفسر تنوعات الهويـة وهو ما يمكن تسميته بـ "**انتقالات الهوية**"، وهو مفهوم يبـين نسـبية ظـواهر التحقـق حيـث تنبنـي الهويـة وتتفكك ويعاد بناؤها تبعاً للحالات، حيث كل تغير اجتمـاعي يقـود إلـى إعـادة صـياغة نفسـها بشـكل مختلف.

وأخطر ما في مفهوم الهوية إرادة وضع حد بين "**هم**" و"**نحن**"، والحفـاظ عليـه. وبشكل أدق، فإن الحد الموضوع ينجم عن اتفـاق بين ذلك الحد الذي تزعم الجماعة بأنها وضعته لنفسها وبين الحد الذي يريد الآخرون وضعه لها.

والمقصـــود هنـــاطبعـــاً الحـــد الاجتمـــاعي الرمزي. وما يفصل بين مجموعتين ليس الاختلاف

الثقافي فبإمكان الجماعة أن تعمل وفي كنفها شيء من التعددية الثقافية.

ويعود هذا ــ غالباً ــ إلى إرادة الجماعة في التميز، واستخدام بعض السمات الثقافية كمحددات للهوية النوعية. والجماعات القريبة من بعضها ثقافياً قدتعدّ نفسها غريبة تماماً عن بعضها، بل متعادية حينما تختلف حول عنصر منعزل في المجموعة الثقافية.

وهنا يتبدد الخلط الشائع بين **"الثقافة"** و**"الهوية"**، حيث الأولى تعددية منفتحة فيها عناصر مكتسبة، بينما الثانية ــ غالباً ــ واحدة، مغلقة، وعناصرها الرئيسة جماعية وموروثة. وهذا ما يجعل الثقافة أحياناً عقبة في طريق اكتساب الهوية.

والعلاقات التي تدوم طويلاً بين مجموعات مختلفة لا تؤدي بالضرورة إلى الإلغاء المتدرج للاختلافات الثقافية،بل غالباً ما تنتظم هذه العلاقات بشكل تحافظ معه على الاختلاف الثقافي، وفي حالات أخرى تزيد هذا الاختلاف عن طريق لعبة الدفاع (الرمزي) عن حدود الهوية. والمحصلة أن هناك هوية ثابتة ويصعب القول بوجود ثقافة ثابتة.

والهوية كاختيار لصياغة عالم الجماعة، تنطوي – ضمناً – على اختيار اجتماعي فيه انحياز إلى الجماعية على حساب الفردية – وأيضاً على حساب المجموعات السكانية التي تشكل أقلية ولو بالمعنى العددي وحده – ما يجعل الفكر الإسلامي الحديث القائم على التمحور حول "**الهوية**" إعادة إنتاج (بمصطلحات إسلامية)

18

لفكر **"المفكرين الجماعيين الأوروبيين"**، وعلى رأسهم إميل دوركهايم.

وقد كان دوركهايم مناهضاً للأطروحات الفردانية مؤكداً أفضلية المجتمع على الفرد، وتطبع فهمه للظواهر الثقافية بطابع النظرية الكلية للإنسان. وفي كتابيه: **"الانتحار"** و**"الأشكال الأولية للحياة الدينية"**، وضع نظرية حول **"الوعي الجماعي"** الذي يعدّ شكلاً من أشكال النظرية الثقافية.

وهو يرى أن المجتمع يتمتع بـ **"وعي جماعي"** تكوّن بفضل التمثلات الجماعية والمُثل والقيم والمشاعر المشتركة بين أفراد المجتمع كافة. وهذا الوعي الجماعي سابق على الفرد، وهو مفروض عليه لأن الفرد خارجي ومصعّد. وهناك

انقطاع بين الوعي الجماعي وبين الوعي الفردي، فالأول "أعلى" من الثاني، لأنه أكثر تعقيداً ودقة. والوعي الجماعي هو الذي يحقق وحدة المجتمع وتجانسه.

وقد مارست فرضيات دوركهايم حول الوعي الجماعي تأثيراً أكيداً في نظرية الثقافة، باعتبارها **"هيئة عليا"** سبق أن نادى بها مفكرون آخرون. ودوركهايم نفسه كان يستخدم أحياناً عبارة **"الشخصية الجماعية"** بمعنى قريب جداً من معنى **"الوعي الجماعي"**.

والهوية – وفق هذا التيار الفكري – ملكية أساسية لازمة للجماعة، لأن هذه الجماعة تقوم بنقلها عبر أفرادها وإليهم، دون الرجوع إلى

الجماعات الأخرى. ويكون اكتسابها "**تحصيل حاصل**"..

وأعنف ما وجه من نقد لمفهوم "**الهوية**"، كونها ظاهرة سكونية جامدة تحيل إلى جماعة محددة بشكل ثابت، فضلاً عن أنها هي نفسها غير قابلة للتغير، ويرى نقادها أن الهوية بهذا المعنى ليست سوى شعور بالانتماء إلى – أو التماهي مع – جماعة خيالية إلى حد ما.

ويجب الإقرار بأن وجهة النظر الذاتية المتطرفة تؤدي إلى اختزال الهوية إلى مجرد مسألة اختيار فردي عشوائي بحيث يكون أيّ منا حراً في تماهياته. ومثل هذه الهوية الخاصة، وفقاً لوجهة النظر الذاتية يمكن تحليلها باعتبارها تكوناً استيهامياً محضاً نشأ عن خيال بعض

21

الإيديولوجيين الـذين يتلاعبـون بجمـاهير سـاذجة، إلى حد ما، أثنـاء بحثهم عن غايـات يمكن الإقرار بها. وإذا كان للمقاربة الذاتيـة من فضيلة فهي تلك التي توضح الطابع المتغير للهوية.

جدل التشابه والاختلاف

من مخاطر إشكالية التمحور حول مفهوم الهوية أيضاً أنه بالضرورة يتكون ضمن علاقة تضع مجموعة مقابل أخرى على تماس معها، فأفراد المجموعة لا يمكن إدراكهم على أنهم محددون بشكل مطلق من خلال انتماء واحد لأنهم هم من ينسبون الدلالة إلى هذا الانتماء تبعاً للحالة العلائقية التي يجدون أنفسهم فيها.

وهذا يعني أن الهوية تتشكل ويعاد تشكيلها باستمرار من خلال التبادلات الاجتماعية. هذا

المفهوم الديناميكي للهوية يتعارض مع المفهوم الذي يجعل منها صفة أصلية ودائمة غير قادرة على التطور. ليس هناك هوية في حد ذاتها ومن أجل ذاتها فقط. وبعبارة أخرى، الهوية والغيرية شريكان تربط بينهما علاقة جدلية.

وفي حال وضع الهوية ضمن شبكة من المفاهيم المتساندة التي يشكل تفاعلها إطارا لرؤية العالم فإن "**التماثل**" قد يكون أكثر تأثيرا من "**الاختلاف**"، حيث الأول تعبير عن إرادة التواصل والتفاعل والأخذ والعطاء، فيما الثاني تعبير عن إرادة الانعزال والإقصاء، ومن ثم الإملاء.

واعتماد **"التماثل"** يجعل الهوية حلاً وسطاً بدلاً من أن تكون مقدمة في قياس منطقي نتيجته الحتمية الوحيدة: الصراع!

ويمكن القول بأننا إزاء عملية تفاوض بين **"هوية ذاتية"** تتحدد بذاتها، و**"هوية متعددة"** أو هوية **"خارجية"** يحددها الآخرون.

والهوية المتعددة يمكن أن تقود إلى تماثلات متناقضة، ففي أمريكا اللاتينية على سبيل المثال، في نهاية القرن التاسع عشر وبداية القرن العشرين، كان يشار إلى المهاجرين السوريين واللبنانيين، وغالبيتهم من المسيحيين الذين هربوا من ظلم الإمبراطورية العثمانية، كان يشار إليهم (ولا يزالون) على أنهم **"أتراك"**، لأنهم دخلوا

بجوازات سفر تركية. في الوقت الذي كانوا فيه يرفضون تماماً أن يكونوا أتراكاً!

ومن النتائج السلبية التي يمكن أن تترتب على التمحور حول الهوية، تغليب علاقات القوة على علاقات التراضي. حيث تصبح الهوية علاقة قهر – حقيقية أو رمزية – يمارسها الأقوى (أو الأكثر عدداً) دون معيار إنساني يأخذ في الاعتبار استحقاقات ما هو مشترك إنساني، مكتفياً بتغليب ما يكرس الاختلاف.

وهذا الخيار يحول الهوية إلى صانع لصراعات متعددة: اجتماعية، إثنية، طبقية.....إذ لا تملك المجموعات كلها قوة التماثل نفسها، ولا تملك السلطة كلها لتسمي نفسها وتسمي غيرها. ويرى المفكر الفرنسي بورديو في تحليله للعلاقة بين

"**الهويــة**"، و"**التصــور**"، أن مــن يملــك السلطة الشرعية، أي السلطة التي تمنحها القوة هو القادر على فرض تعريفه لنفسه ولغيره. وتعريفات الهوية تعمل كمنظومة تصنيف تحدد المواقع المتتالية لكل مجموعـة. والسلطة الشـرعية تملـك القوة الرمزيـة لجعل الآخرين يعترفون بمقولاتها المتعلقة بتصور الواقـع الاجتمـاعي وبمبادئهـا حـول تقسـيم العـالم الاجتماعي بوصفها مبررة، ومن هنا قدرتها على تشكيل الجماعات وتفكيكها.

وتشير التجربة إلى أن القدرة على التصنيف تؤدي إلى "**عرقنة**" المجموعات التابعة (الأدنى)، فهم يصنّفون انطلاقاً من خصـائص ثقافيـة خارجيـة تعد ملازمة لهم وشبه ثابتة. وهذا ما يشكل ذريعـة لتهميشـهم، بذريعـة أن شـدة اختـلافهم تمـنعهم مـن المشاركة في قيادة المجتمع.

27

ويكون هذا – غالباً – تأكيداً لهوية شرعية، هي هوية المجموعة المهيمنة، وقد يتطور الأمر ليتحول إلى سياسة فصل عرقي للجماعات الأقليّاتيّة المحكوم عليها، نوعاً ما، بأن تراوح في مكانها،وهو المكان الذي وضعت فيه وفقاً لتصنيفها.

الدولة الحديثة والهوية

مـع نشـوء الـدول/ الأمـم الحديثـة أصبحت الهوية شـأناً مـن شـؤون الدولـة، التـي تـدير قضيـة الهويـة وتضـع لهـا القواعـد والضـوابط، وهـي بهـذا تتجـه إلـى أن تكـون صـارمة شـيئاً فشـيئاً، فـي موضـوع الهويـة، لأن الدولـة الحديثـة تسـعى إلـى توحيد الهوية، فإما أنها لا تعترف إلا بهويـة ثقافيـة واحدة لتحديد الهوية الوطنية (مثل فرنسـا) أو أنهـا، بعد قبولها لنوع معين من التعددية الثقافية في كنف الأمة.

وهي تقوم بتحديد هوية مرجعية تكون الهوية الوحيدة الشرعية فعلاً، مثل الولايات المتحدة الأمريكية. فالهوية الوطنية المتعصبة دولة إيديولوجية تقوم على استبعاد الاختلافات الثقافية، ويقوم منطقها المتطرف على منطق **"التطهير العرقي".**

وفي المجتمعات الحديثة تقوم الدولة بالتدقيق في هوية المواطنين، ما جعل حرية الأفراد في تحديد هويتهم تتضاءل تدريجياً. وبعض الدول التي تضم أعراقاً متعددة تفرض على رعاياها ذكر الهوية العرقية على بطاقة الهوية، وحين يقوم نزاع بين مختلف مكونات الأمة، يمكن لهذا الفرز (التصنيف) أن يؤدي إلى نتائج مأساوية كما حدث في النزاعين اللبناني والراوندي.

والدولة/ الأمة الحديثة تبدو أكثر صرامة في مفهومها وضبطها للهوية من المجتمعات التقليدية. وعلى عكس الفكرة المسبقة، فإن الهويات في تلك المجتمعات لم تكن محددة بشكل نهائي، فوُصفت بـ **"المجتمعات ذات الهوية المرنة"**، وهي تفرد مكانة واسعة للجديد وللابتكار الاجتماعي. لأن ظاهرتي الانصهار والانقسام تشيع فيها ولا تقتضي بالضرورة حدوث نزاعات حادة.

وكما يقول بيير بورديو فإن: **"الأفراد والجماعات يستثمرون كينونتهم الاجتماعية كلها في صراعات التصنيف، وكل ما يحدد الهوية التي يكونونها عن أنفسهم، وكل ما لا يمكن التفكير فيه، والذي من خلاله يتشكلون كـ "نحن" في مقابل "هم" و"الآخرون"،**

31

ويتمسكون بهذا الذي لا يمكن التفكير فيه عن طريق التحام شبه جسدي. وهو ما يفسر القوة التعبوية الاستثنائية لكل ما يمس الهوية".

وقد أعلن في روسيا مؤخراً أن المفتي طلعت تاج الدين وأحد قادة مسلمي روسيا قدم اقتراحاً يدعو إلى تغيير شعار الدولة الروسية، إلى الرئيس الروسي ليعكس حقيقة أن المسلمين يمثلون 18% من مجموع السكان على شعار روسيا.

والشعار الحالي في العلم الوطني عُقاب ذو رأسين ويعلو الصليب كلا رأسيه كرمز للمسيحية، فضلا عن صليب ثالث بين رأسي العقاب. ويقترح المفتي وضع الهلال كرمز للدين الإسلامي فوق رأس أحد العقابين.

فهل تكفي الرموز وحدها لتأكيد الهوية أو نفيها؟

مصادر:

* مفهوم الثقافة ــ في العلوم الاجتماعية ــ دوني كوش ــ ترجمة: الدكتور قاسم المقداد ــ منشورات اتحاد الكتاب العرب ــ دمشق ــ 2002.

* الهوية والعنف ــ آماراتيا صن ــ ترجمة سهير توفيق ــ سلسلة عالم المعرفة ــ الكويت ــ يونيو 2008.

* المفتي تاج الدين: وضع الهلال في شعار الدولة الروسية ــ تقرير ــ وكالة نوفوستي للأنباء ــ 14 ــ 3 ــ 2011.

* موسوعة اليهود واليهودية والصهيونية: نموذج تفسيري جديد ــ تأليف وإشراف: دكتور عبد الوهاب المسيري ــ دار الشروق ــ مصر ــ الطبعة الأولى ــ 1999.

* المعجم الوجيز ــ مجمع اللغة العربية ــ القاهرة ــ 1997.

* المعجم الوسيط ــ مجمع اللغة العربية ــ القاهرة ــ 1997.

35

المؤلف

ممدوح الشيخ

مفكر

نشر له مئات المقالات والدراسات في عشرات الدوريات العربية.

صدر له أكثر من عشرين مؤلفاً في القاهرة وبيروت ومسقط.

نال جوائز مصرية وعربية في الشعر والمسرح والرواية.